Lb 48/178

DISCOURS

SUR

LES PRINCIPES A SUIVRE,

D'APRÈS L'EXEMPLE

DE HENRI IV.

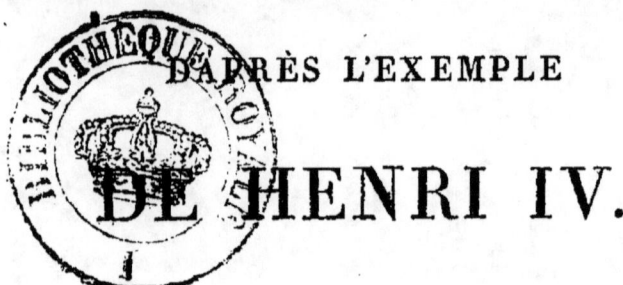

DISCOURS

SUR

LES PRINCIPES A SUIVRE,

D'APRÈS L'EXEMPLE

DE HENRI IV,

POUR RÉUNIR LES ESPRITS DIVISÉS PAR DE LONGS TROUBLES POLITIQUES.

PAR M. DELVERN.

A PARIS,

CHEZ
{ CHANSON, IMPRIMEUR-LIBRAIRE, RUE ET MAISON DES MATHURINS, N° 10;
DELAUNAY, Libraire, Palais-Royal;
PÉLICIER, Libraire, 1ère cour du Palais-Royal, n° 10.

1815.

IMPRIMERIE DE CHANSON.

PRÉFACE.

Quelque faible que soit un écrit, s'il ne tend qu'à détruire de funestes préventions, et ne fait usage que de moyens incapables d'irriter qui que ce soit, comment serait-il tout-à-fait indigne de paraître ?

Assez d'autres prennent la plume pour se livrer à de fougueuses discussions, qui ne font qu'exalter l'animosité des antagonistes, et fournir un malheureux aliment à l'esprit de parti. Pour moi, j'ai pensé que des vérités de tous les temps, mises en rapport avec les passions du jour, et présentées sous une forme exempte de toute âpreté polémique, pourraient peut-être toucher quelques personnes. Si je ne m'étais point abusé; si j'avais pu, à la faveur d'un texte qui m'a semblé propre à être vu généralement de bon œil, rendre sensibles quelques-unes de ces erreurs de conduite ou d'opinion qui ont versé sur nous tant de maux, et fléchir un peu les dispositions à s'y complaire, combien je me croirais obligé envers le corps académique qui m'a fourni l'idée de ce travail! Je me croirais redevable envers lui du plus beau triomphe, quoique son jugement ait proclamé une composition supérieure.

DISCOURS

SUR

LES PRINCIPES A SUIVRE,

D'APRÈS L'EXEMPLE

DE HENRI IV,

POUR RÉUNIR LES ESPRITS DIVISÉS PAR DE LONGS TROUBLES POLITIQUES.

> Il triomphe, il pardonne, il chérit
> qui l'offense.
> HENRIADE, ch. x.

La force et la prospérité des États se trouvent principalement dans l'union ou l'accord des individus qui les composent. Plus cet accord est parfait, plus le bien général, premier objet de toute société politique, est grand et facile à produire. La diversité que la nature imprime aux caractères des hommes, l'opposition qui naît de leurs besoins et surtout l'égarement de leurs desirs, enfin divers autres attributs de leur existence sociale sont autant de causes qui rendent un si heureux accord impossible à réaliser dans toute sa perfection, particulièrement chez de grands peuples : mais au-dessous de la perfection sont des degrés où ces peuples ne s'arrêtent pas sans bonheur; et le plus noble ouvrage du génie est de les y élever.

Pénétré de ces réflexions, mon esprit impatient de les confirmer par des témoignages historiques, se jette avec transport sur les traces d'un mortel à jamais célèbre par ses glorieux travaux et plus encore par les rares qualités de sa personne. Oh! si je pouvais espérer de vous rendre attentifs à ma voix, hommes justes, que les maux affreux qu'enfantent les discordes civiles ont désolés et remplissent encore de crainte et d'amertume; quel exemple consolant, quel grand sujet de douces et utiles réflexions j'oserais vous annoncer! Venez, vous dirais-je, attachons-nous au règne d'Henri IV; contemplons ce prince, l'honneur de l'humanité, l'orgueil de notre nation. L'amitié fit ses délices, la clémence dirigea ses actions et orna tous ses triomphes, l'adversité illustra son génie : dignement émus par de si touchans souvenirs, unissons nos hommages à tous ceux que les temps n'ont cessé de consacrer à la gloire de Henri. Mais ne perdons point de vue un objet plus essentiel, et moins pour louer ce grand prince que pour nous instruire, appliquons-nous à étudier son habileté dans l'art si difficile d'éteindre les inimitiés, d'étouffer les vengeances, d'arracher du fond des cœurs le venin fatal des dissensions. Appelé à régir des esprits qu'une longue durée de troubles avait comblés d'aigreurs et de haines jusqu'à la férocité, Henri sut les ramener, les réunir dans un même sentiment d'affection pour sa personne, et leur rendre son règne également cher et respectable. Cruellement déchirée par les convulsions d'une factieuse anarchie, la France succombant allait enfin subir une domination étrangère et tomber du rang des nations, lorsque l'Arbitre suprême des choses en remit le sceptre aux mains de Henri. Dès ce moment, quelle destinée nouvelle ! Sous les lauriers de Henri le calme renaît, l'autorité des lois suspend les ressentimens, un gouvernement dépouillé d'artifice rapproche les cœurs, et sur notre patrie sauvée et glorieuse l'ange de la paix accouru, conduit rapidement nos pères de la plus affreuse perspective que la misère, la honte et la mort puissent former, au doux sentiment du bien-être joint au riant espoir d'une félicité si accomplie qu'il n'est peut-être pas donné aux sociétés humaines d'en réaliser l'illusion. O merveilleux effet de l'influence pacifique d'un grand Roi sur son peuple! si je réponds dignement à la voix d'une académie qui veut sans doute jouir dès à présent de notre avenir par le spectacle du passé, vous allez ici paraître dans tout votre éclat.

PREMIÈRE PARTIE.

Lorsqu'un zèle de religion aveugle et le déchaînement de l'esprit ambitieux des factions, mettaient tout en œuvre pour éloigner Henri IV du trône où sa naissance l'appelait et lui offraient de toutes parts des sujets à soumettre, des ennemis à combattre, ce prince poursuivait le succès de ses armes, sans négliger de maîtriser les esprits par l'ascendant de la sagesse et des bienfaits.

A côté des rigueurs de la guerre il plaçait les soins, et on pourrait dire, les scrupules de l'humanité. On l'a vu, à un siége trop mémorable, suspendre les attaques par ménagement, et quelque intérêt qu'il eût de presser la reddition de la place, soulager la misère des assiégés en leur faisant passer des subsistances : c'est ce qu'il fit au siége de Paris. Certes, l'événement montra qu'il avait perdu, par cet excès de bonté, le fruit de ses efforts;

mais aurait-il été plus louable, si, le cœur fermé à toute pitié, il n'eût fait de cette grande cité qu'un vaste tombeau ou un triste amas de cendres? D'ailleurs, pour ceux qui ne veulent voir en pareil cas, qu'une ville à prendre et un siége à faire réussir, ne pourrait-on pas dire que l'active compassion du prince devait naturellement le conduire à ce but? Eh quoi! des soins si touchans, une si grande générosité, devaient-ils rester sans effet? Il fallut sans doute, de la part des ministres de Philippe II, tous les raffinemens de leur cruelle politique pour arrêter l'élan de reconnaissance qui devait briser les portes et préparer une entrée triomphale à un si rare bienfaiteur.

Disons d'ailleurs, à l'honneur des Français, que si, subjugué par des intrigues d'autant plus criminelles qu'elles se couvraient d'un saint prétexte, le peuple parut alors durant quelques jours, avoir perdu toute sensibilité, il ne manqua point de la retrouver dans toute son énergie dès l'instant qu'il lui fut permis de revenir à lui-même. Voyez aux premières annonces d'une trêve, quelle foule se précipite auprès de Henri! Les chefs ligueurs, que cette sorte de défection alarme, y mettent de vaines défenses : les remparts sont franchis, les menaces sont bravées, et les transports d'admiration et de reconnaissance auxquels tout cède, deviennent pour Henri le gage certain du triomphe qui l'attend au sein de sa capitale.

Ainsi pour assurer sa puissance, vaincre ses ennemis et ramener ses sujets, Henri, au milieu même des armes, se guide par l'humanité et s'appuie sur les bienfaits. Les âmes vulgaires font les guerriers farouches, les princes avides de vengeance et toujours étrangers aux peines d'autrui. Formé sur un plus beau modèle, Henri ne cesse de ressentir ce tendre intérêt pour nos semblables, où se puisent avec délices toutes les vertus; mais d'où partent quelquefois, par un fatal retour, les plus vives atteintes de la douleur. Quel exemple prodigieux Henri nous en offre dans sa personne! S'il faut en croire son historien, ce digne prince, à la nouvelle d'une résolution politique qui devait expulser de leur patrie une multitude de Français auxquels il n'était encore uni que par une conformité d'opinions religieuses, tomba en pensant à leur malheur, dans un tel saisissement, que, par un trouble physique inexprimable, un signe permanent de caducité parut soudain sur son visage (1).

---

(1) Henri III traitant de la paix avec les principaux ligueurs le 7 juillet 1586, prit entre autres engagemens

Cependant, à quelque cruelles épreuves que les événemens le soumettent, Henri ne peut changer; ses vœux sont toujours le bien de l'humanité en général, le bonheur de son peuple en particulier : soit qu'il ait à prendre les voies de la guerre, ou qu'il puisse, plus heureux, se livrer aux exercices paisibles de l'autorité, il ne cesse de poursuivre l'affection de ses sujets, et ses bienfaits sont toujours ses principales armes. En un mot sa politique est toute dans son cœur.

Gardons-nous de croire toutefois que, trop confiant dans ces sentimens de tendresse et de justice dont la puissance est sans bornes sur les cœurs droits, Henri néglige de les fortifier par ces habiles combinaisons qui seules peuvent leur donner prise sur les hommes injustes et endurcis, toujours trop nombreux.

A l'heure même où Henri va régner sur la

---

celui d'ordonner à tous les calvinistes qui ne voudraient pas changer de religion, de sortir du royaume sous peine de mort. L'histoire de Pierre Mathieu rapporte que Henri IV, « parlant de l'extrême regret que son âme » conçut de cette paix, dit que pensant à cela profon- » dément et tenant sa tête appuyée sur sa main, l'ap- » préhension des maux qu'il prévoyait sur son parti fut » telle qu'elle lui blanchit la moitié de sa moustache ».

France, et lorsque le soin de sauver ce beau pays d'une ruine non moins absolue qu'imminente lui demeure sans partage, le sort jaloux ouvre soudain une vaste et périlleuse arène où les passions les plus ennemies grondent avec fureur, disposées à une lutte horrible qui doit priver ce prince de tous ses appuis, traverser tous ses projets, rabaisser, anéantir l'autorité royale; les jours même de Henri en sont déjà vivement menacés. Comment donc pourrait-il prévenir un choc si redoutable, calmer les uns, animer les autres, et marcher avec tous d'un pas ferme vers le point de pacification où l'attend une gloire immortelle, s'il ne joignait aux vertus douces qui gagnent les cœurs toutes les forces que la sagesse humaine fournit pour les dompter?

La France couverte de deuil gémissait dans une désolation profonde; de longues années de troubles l'avaient cruellement déchirée; un zèle religieux dépourvu de prudence y avait jeté le germe des plus grands malheurs; des sujets persécutés s'étaient armés pour leur défense; l'autorité luttant avec eux s'était compromise; le feu de la guerre civile avait tout embrasé, et les esprits formés à ses horreurs ne connaissaient plus ni frein ni mesure.

Un si triste état de choses n'était point affligeant pour qui l'avait provoqué : le dirai-je ? au milieu d'un si affreux désordre, des hommes, ambitieux forcenés, souriaient au succès de leurs desseins ! Tels étaient les moteurs principaux de la ligue, faction abominable dont le premier éclat nous fait voir un roi plus faible sans doute que méchant, forcé de fuir de Paris sa capitale, et d'aller chercher sa sûreté parmi quelques guerriers restés fidèles au souvenir des exploits dont il a signalé sa jeunesse. Si c'est ainsi que cette faction commence, ô Dieu, quelles bornes mettra-t-elle à ses crimes !

Mais ne doit-elle pas trembler à son tour, cette faction parricide ? Henri, prince et issu d'un même sang, ne manquera pas d'adopter les justes ressentimens du Roi de France. — Henri compte ce Roi parmi ses ennemis. — Il sentira bien davantage que ce roi est malheureux. En effet rien ne l'arrête; ni les craintes de l'amitié, ni les conseils de l'expérience; il vole dans les bras du roi fugitif.

Aussitôt les deux princes marchent de concert contre la ligue, et leurs efforts réunis ne demeurent pas infructueux. La victoire favorise leurs armes, mais ne sauve pas le Roi de France de la rage meurtrière des ligueurs; il périt par le couteau d'un infâme assassin sorti de leurs rangs.

Dès-lors Henri appelé par droit d'hérédité au trône de France, trouve avec les mêmes ennemis à combattre une foule de nouveaux obstacles à surmonter.

La désunion se met dans son armée, dans ses conseils et jusque parmi ses serviteurs les plus dévoués. Les catholiques qui marchaient sous les étendards du Roi dont un si lâche attentat vient de trancher les jours, ou refusent de reconnaître le chef nouveau qui n'est pas de leur communion, ou ne veulent s'attacher à lui que pour le ramener à leur croyance. Les réformés prennent ombrage de l'assistance des catholiques, et s'alarment de la confiance que Henri paraît leur accorder. Pour comble de disgrâce, de part et d'autre se sont élevés, comme il arrive toujours dans de semblables déchiremens politiques, une foule de chefs ardens à exciter la haine, les soupçons, le désir de nuire; avides d'autorité, jaloux d'indépendance, affamés de richesses, incapables en un mot d'aucun sentiment autre que celui de leur agrandissement personnel.

Dans une telle situation Henri ne se laisse point abattre. Il voit toutes les difficultés de sa position, il s'en pénètre, plusieurs fois il en répand des larmes dans le sein de l'amitié ; mais sa fermeté ne se trahit point au dehors et par les voies que lui indique une raison supérieure, il tend invariablement à les vaincre.

Si après de longues marches et de brillantes manœuvres, Henri veut poursuivre ses avantages; d'une part, la malveillance ou les dilapidations des finances de l'Etat l'ont privé de toute ressource pécuniaire; de l'autre, la jalousie des grands par de coupables pratiques sur les troupes étrangères qui font la principale force de son armée, en va porter les chefs à l'insubordination et les soldats à la révolte. Alors que fait Henri? Calme et serein, il fait le sacrifice le plus pénible à un prince victorieux : il renonce aux nouveaux lauriers que lui assurait la détresse où ses glorieux efforts avaient réduit les ennemis. Il fait plus, il s'impose à lui-même de dures privations, il vend ou engage les effets à son usage propre et journalier, et du produit il remplit les demandes les plus pressantes d'une avarice déloyale. Enfin il répond aux murmures des troupes; mais en prince maître de lui-même, sans plainte, sans équivoque il donne des éloges à leurs exploits, se montre touché de leurs fatigues, et en même temps annonçant le terme annuel des travaux de Bellone, il leur offre un honorable repos. Ainsi prudent et magnanime, non-seulement Henri prévient les suites redoutables d'une mutinerie ouverte de la part de son armée, mais encore il regagne l'affection de tous ceux qui en font partie et s'assure de leur fidélité actuelle ou de leurs services prochains, en substituant dans leur cœur une juste réciprocité de bienveillance à des dispositions ennemies. Conduite admirable, dont la vie de Henri nous offre tant d'exemples, qu'on peut dire que si aucun prince n'a éprouvé autant de contrariétés que lui, aucun n'a autant pratiqué cette grande maxime de tirer avantage et se faire savoir gré des condescendances que la force des choses rend indispensables.

Heureux les rois s'ils pouvaient ainsi, toujours fidèles aux conseils d'une profonde sagesse, n'attirer sur eux que des bénédictions! Mais telle est leur déplorable condition, que souvent réduits à des actes de rigueur naturellement faits pour exciter quelques plaintes, ils sont encore par les actes de leur pure munificence, exposés à s'aliéner les esprits.

Une foule que rassemblent quelques mouvemens confus d'affection et des desseins de fortune parfois légitimes, mais plus souvent une vaine ambition ou une basse avarice, s'attache à tous les pas des Rois, épiant jusqu'à la moindre de leurs faveurs. Cette foule grossit et devient pressante surtout après ces époques où de grands malheurs, en donnant lieu à de grands besoins, ont en même temps répandu une avidité extrême et diminué les ressources dans la même proportion. Dans cette situation, qui était particulièrement celle de Henri venant de monter sur le trône, quel embarras cruel ne doit-on pas apercevoir? Où est la possibilité d'apaiser tant de désirs, de remplir tant d'espérances, d'accorder même tant de récompenses justement méritées? Sans doute, sous un roi tel que Henri, le temps viendra où chacun sera traité selon son mérite, et où tous les vrais besoins cesseront. Mais cette immense entreprise peut-elle s'accomplir en un jour? Pour faire succéder tout le bien que Henri médite, aux calamités incroyables qui ont pesé sur toute la France, il faut du temps, il faut des années : et cependant, où sont les hommes assez droits pour reconnaître cette vérité qui les blesse? où sont les hommes assez justes pour ne pas s'irriter du retard qu'éprouvent leurs prétentions?

O sage Sully ! vous que le plus saint attachement unissait à Henri dès votre enfance ; vous, l'ami de son cœur, le confident de ses secrets ; vous, illustre compagnon de ses nobles exploits, conseiller et ministre glorieux de ses plus grands desseins ; eh quoi ! vous partagez aussi cette faiblesse indigne de votre grand caractère ; vous vivez loin de Henri, l'accusant d'ingratitude : hâtez-vous ! sortez de cette retraite qui menace votre immortalité ; les Français vos contemporains, les Français de tous les siècles doivent trouver dans votre personne, avec tant d'autres exemples, celui d'un grand mérite que des privations et des préférences pénibles à l'amour-propre ne peuvent détourner du plus entier dévouement à l'Etat et au Roi.

Sully, en effet, n'eut qu'un moment de ce repos grave, mais volontaire et inespéré, où tombe quelquefois un zèle vrai qui se croit méconnu. Son esprit réfléchi ne tarda point à lui faire voir l'inexorable nécessité disposant pour d'autres des charges rémunératoires dont le refus avait éprouvé son dévouement, et il revint aussitôt plus actif et plus ardent au service de son Roi.

Mais quelle multitude ne restait-il pas autant incapable d'un si louable retour, que de garder quelque mesure dans ses plaintes ?

Voyez ces hommes que distingue partout leur air de suffisance, mais en qui vous chercheriez inutilement le plus petit mérite, si le hasard ne les avait amenés dans une cause où tout Français aurait dû se porter et se tenir constamment par choix. Ecoutez-les : la France ne pourra jamais s'acquitter envers eux, et Henri ne saurait élever personne qu'à leur préjudice.

Et ces esprits chagrins par tempérament et frondeurs par envie, ne répètent-ils pas sans cesse que les talens et la fidélité sont repoussés, et que le prince par un aveuglement qui ne peut manquer de lui devenir fatal, ne sait récompenser que la médiocrité et la perfidie ?

Tandis que ceux-ci ne pouvant s'accommoder des moyens solides et louables d'aller à la fortune, maudissent le retour de l'ordre qui sape toute fausse importance et arrête les déprédations, dupes de leurs secrets désirs, ils ne voient partout que funestes présages, et leur bouche ne peut s'ouvrir que pour donner à leurs regrets la forme perçante de l'ironie ou l'enveloppe trompeuse des récits alarmans.

Ceux-là plus excusables, mais non moins incommodes, s'abandonnent aux suggestions vindicatives d'une fierté long-temps comprimée, ou se laissent abuser par une ardeur immodérée de rectitude : inflexibles, intraitables, tout est perdu, disent-ils, si le prince n'exerce universellement la plus sévère justice.

Mais comme celui qu'un art salutaire dirige en se livrant à des opérations douloureuses qui doivent rendre la force et la santé à un corps infirme, n'est point arrêté par les cris ni les imprécations que sa main provoque, bien qu'il en soit justement ému ; de même Henri, ayant à cicatriser les plaies profondes de l'Etat, gémit au fond du cœur des clameurs qu'excitent ses soins mal appréciés, mais ne cesse pas de les poursuivre.

Dès les premiers jours de son entrée dans la capitale, cédant à de vives instances, il veut bien souscrire à l'exil des plus ardens factieux qui s'y retrouvent ; mais cet acte de prudence, plutôt que de justice, épuise sa sévérité, et tout le reste du parti qui lui fut contraire n'est plus poursuivi que par ses bontés et ses faveurs. Pour ne parler que des personnes les plus marquantes de ce nombre, Henri les comble des plaisirs et des honneurs de sa cour. Il leur laisse et confirme toutes les dignités dont un chef ennemi les a revêtus; il les établit sur ses provinces et les élève aux charges les plus éminentes de l'Etat, autant dans l'espoir, si digne d'un bon prince, de rendre leur loyauté égale à sa confiance, que pour leur donner lieu de racheter par d'importans services envers sa personne et son peuple, la résistance plus ou moins opiniâtre qu'ils lui ont opposée. C'est ainsi, c'est continuellement ainsi que Henri se venge; et s'il est des personnes qui osent l'en blâmer, quel aveuglement déplorable ! Si un bon Roi n'est qu'un bon père, n'est-ce pas dans ses tendres sollicitudes pour des sujets égarés, et dans ses soins empressés à les parer de fleurs à leur retour, qu'on doit le reconnaître (1) ?

Cependant, si des hommes qui furent ouvertement ennemis de Henri ne sont pas autrement traités, où sera la récompense pour ceux qui lui furent toujours soumis ? où sera le dédommagement pour ceux dont la fidélité envers le prince a été scellée du sacrifice de leurs biens et de l'effusion de leur sang ?

---

(1) Ceci ne veut pas dire que Henri IV fût incapable d'éviter dans l'occasion les dangers de la clémence par une sévère fermeté. Le supplice du maréchal de Biron nous prouve bien que Henri IV ne doit pas être rangé parmi ces princes dont Montesquieu a signalé la faiblesse en ces termes : « Ils avaient oublié que ce n'était pas en vain qu'ils portaient l'épée ».

O cruelle objection que de déplorables habitudes ne rendent que trop fondée ! Eh quoi ! tout sera-t-il donc bassement mis à prix? Les âmes seront-elles fermées pour jamais au pur sentiment d'un généreux devoir ? Ne connaîtrons-nous plus de vrai sacrifice pour le bien de l'Etat, pour le service d'un bon Roi ? Faut-il enfin qu'à toute action soit attaché un salaire, et que les calculs parasites de l'intérêt personnel nous réduisent à ne trouver que des apparences de vertu, même sous un Roi qui les possède et les honore toutes si réellement? Eh bien! s'il doit en être ainsi : hommes mercenaires, qui par vos plaintes et vos importunes sollicitations, détruisez comme à plaisir, ce prestige de désintéressement dont votre conduite passée était embellie ; soyez au moins dociles à la voix de la raison réduite à votre propre langage. Craignez , vous dit-elle, d'éloigner et de perdre pour toujours votre but par trop de précipitation à le saisir. Henri vous aime et veille pour vous plus sincèrement peut-être que vous n'avez agi pour lui. Mais si ses premiers soins ne lui gagnaient le cœur de cette foule immense qui ne l'a point encore connu ; s'il ne commençait par jeter au milieu de cette multitude que d'autres affections ont pu séduire, l'ancre salutaire des bienfaits, comment l'Etat pourrait-il retrouver quelque calme et l'autorité se raffermir? Vous avez combattu pour Henri ! ne souhaitez donc pas que son triomphe ressemble au succès éphémère d'un factieux que le trouble et la vengeance accompagnent. Gardez-vous surtout d'en faire un sujet de réprobation pour quiconque n'y a point contribué ; souffrez au contraire que ceux-là croient à une sorte de prédilection, et que les faveurs du prince leur arrachent au plus tôt cette reconnaissance qui doit les lier irrévocablement, mettre fin aux troubles désastreux, et produire ce calme fortuné sans lequel la source des récompenses que vous pouvez vous-même prétendre, ne saurait jamais s'ouvrir d'une manière efficace.

N'est-ce pas ainsi qu'on pouvait répondre et justifier la conduite de Henri lorsque sa munificence s'exerçant envers ceux de ses sujets qui l'avaient long-temps méconnu, ceux au contraire, qui pouvaient se glorifier de l'avoir toujours servi se croyaient négligés et s'abandonnaient à des murmures? Oui sans doute, ce sentiment sublime partage des belles âmes, qui porte à remplir un glorieux devoir sans y chercher aucun avantage pour soi-même, proscrivait de tels murmures, et ils n'étaient pas moins condamnés par cette maxime du plus simple bon sens, qui veut qu'on garde avec soin tous les ménagemens d'où doit dépendre le gain qu'on envisage : maxime au surplus étrangère à la voix de l'honneur, maxime d'esclave, qu'on peut appeler le dernier cri de la raison aux prises avec l'intérêt.

Hâtons-nous d'ajouter que les mains de Henri ne manquaient pas de s'ouvrir pour de justes secours : en effet Henri se plaisait à consoler ses serviteurs des pertes où la force des choses les avait entraînés, ou des torts dont la fortune les avait frappés dès leur naissance, par des largesses d'autant plus louables qu'elles étaient prises sur les deniers que l'ordre des finances affectait à l'usage personnel du prince.

Mais ce qui est bien plus essentiel à remarquer, c'est le respect que Henri portait aux hommes, et le soin qu'il prenait de conserver à chacun cette dignité dont le sentiment intime, principe de tout ce qui est beau et honnête, nous attache par des liens indissolubles à ceux qui savent l'apprécier. Quel admirable trait nous est offert en ce genre aux plaines d'Ivri! C'est là qu'en présence de toute son armée, et au moment de se livrer à cette ardeur guerrière qui devait dans ce jour même le couvrir de gloire, Henri se ressouvient d'une réponse échappée la veille à sa vivacité. Il ne veut pas, dit-il, risquer de mourir et d'*emporter l'honneur d'un brave officier*. En conséquence il l'appelle, lui fait hautement l'aveu de sa faute, et se jette dans ses bras en le comblant d'éloges.

Quel repentir de la part d'un Roi! quelle réparation! quel acte entraînant, irrésistible! Mais, pour bien juger de sa puissance, écoutons la réponse du guerrier qui en était l'objet : « Oui, Sire, Votre Majesté m'avait blessé » hier, mais aujourd'hui elle me tue; car, » après l'honneur qu'elle me fait, je ne puis » m'empêcher de mourir en cette occasion » pour son service ».

Ainsi Henri ne dédaignait pas de se soumettre envers ses propres serviteurs à toutes les déférences faites pour entretenir dans les âmes une juste fierté; et telle était à cet égard la générosité de ses vues, qu'il ne souffrait pas même qu'on lui rendît ces marques de respect, que le repentir et l'admiration commandent quelquefois, mais que le sentiment de la faiblesse commune semble toujours proscrire d'homme à homme.

L'amiral de Villars, après avoir fait sa paix, vient à la cour de Henri. En abordant ce prince, il se jette à ses genoux. Henri le relève et lui dit : « Monsieur l'Amiral, cette soumission n'est due qu'à Dieu seul ». Parole mémorable aussi propre à caractériser un Roi dont l'âme élevée a reçu la trempe précieuse du malheur, que faite pour nous montrer comment Henri gagnait ses ennemis et les rappelait aux lois de l'honneur ainsi qu'aux sentimens d'affection pour sa personne, en ne leur prescrivant rien par orgueil, et ne leur imposant aucune sorte d'humiliation.

Enfin Henri se montrait fidèle observateur des règles qui assurent le commerce de la vie et constituent essentiellement le caractère de l'honnête homme. Il serait sans doute superflu d'en faire la remarque après tous les détails où nous venons d'entrer, s'il ne se trouvait pas quelquefois, surtout parmi les princes que leur condition forme à des relations d'un ordre peu commun, des hommes à qui les attentions d'une politesse raffinée ou les traits brillans d'une action publique coûtent moins que l'exacte observation d'une probité simple et sans éclat.

D'ailleurs ces sentimens d'équité naturelle dont l'observation constante fait l'homme probe, et qui sont toujours si indispensables que ce n'est jamais un mérite de les suivre, tandis que c'est le plus grand tort de les négliger, semblent changer un peu de nature vis-à-vis des princes.

Quand un prince se conforme avec scrupule à de tels sentimens, on ne l'ignore pas;

on ne le voit pas non plus avec indifférence ou sans empressement, comme il arrive de tout ce qui est de règle absolue, et dont on est universellement persuadé que personne ne peut s'affranchir : bien au contraire, on le remarque, on l'admire, et sans doute parce qu'on juge la chose plus difficile de la part d'un prince en qui l'on imagine tout pouvoir de s'en exempter avec impunité, on ne manque jamais d'en tirer un grand sujet d'estime et d'amour pour sa personne.

Or, parmi les faces diverses que présente cette heureuse pratique, nous citerons comme principalement remarquables dans la personne de Henri, la sincérité de ses paroles et sa constance à garder la foi promise. Ces deux points en effet, brillaient éminemment dans toute sa conduite, et tandis que par ses discours il témoignait ne reconnaître aucune sorte de mérite sans ce fondement, il prouvait fortement par ses actions que rien n'était capable de l'en détourner.

Un jour, les habitans d'une ville qui gémissait sous l'oppression du jeune duc de Guise députèrent secrètement vers Henri pour lui offrir de saisir et lui livrer la personne de ce duc, son ennemi déclaré et encore en armes. L'offre n'était pas sans doute dépourvue d'a ait :

l'autorité royale y trouvait l'avantage toujours flatteur de vaincre une résistance, et Henri y devait gagner en outre le prix considérable que ce duc fier et puissant rebelle prétendait mettre à sa soumission. Dès-lors les convenances politiques, la raison d'Etat, ce prétexte dont la bouche des princes sait faire une application si étendue, se présentaient évidemment dans toute leur séduction. Cependant que fit Henri ? Incapable de résister aux inspirations de la bonne foi et de marchander avec sa conscience au sujet d'un engagement pris, il se contenta, pour rejeter l'offre qui lui était faite, d'apprendre que, par l'officier qu'il avait chargé de ménager un accommodement, il venait d'être souscrit aux demandes du duc.

Voilà par quels moyens Henri consommait l'ouvrage de ses victoires. Une pénétration vive, une juste connaissance des hommes et de lui-même, lui faisaient trouver dans les situations difficiles où le jetait la désunion générale des esprits, ces déterminations promptes et heureuses qui maîtrisant les choses non moins que les personnes, annoncent l'action du génie et assurent le succès aux plus grands desseins. Mais les inspirations d'un bon cœur, d'un cœur qu'embrasait le désir de rendre les Français meilleurs et plus heureux, étaient surtout ses guides fidèles. C'est de là que Henri tirait cette grande instruction qu'autant les mœurs avaient reçu d'atteinte, et autant l'esprit de discorde avait pris d'étendue et poussé de profondes racines dans le sein de l'Etat; autant il devait s'attacher à faire briller du haut du trône l'honneur, la probité, la bonne foi, afin que, semblables à ces feux qu'au milieu des ténèbres et durant les tempêtes une pitié secourable allume sur la cime des rochers pour marquer un lieu de salut à de malheureux naufragés, ces vertus, signes sacrés de paix et de bonheur, prêtant à l'autorité royale l'ascendant que l'Eternel leur a pour jamais réservé, fissent de cette autorité le point de ralliement et le centre de toutes les affections.

Eh! n'était-ce pas aussi par l'impulsion de son cœur que Henri était livré sans cesse à ces mouvemens non moins purs que soudains, non moins séduisans qu'inopinés, lesquels, parce qu'ils ornent de grâces extérieures la sévérité dont un caractère ferme et droit ne peut guère se séparer, en deviennent auprès de la multitude, toujours dirigée par ses sensations, l'auxiliaire indispensable? Oui, nous ne pouvons attribuer qu'aux élans d'un cœur doué d'une sensibilité exquise ces traits si délicats d'ingénuité, d'affection, de bienséance dont tous les instans de la vie de Henri étaient marqués. Et comme pour effacer de tristes préventions et vaincre des animosités injustes, il n'est rien de plus puissant qu'un heureux naturel qui agit en sens contraire indépendamment de toute combinaison, sous le sceau pour ainsi dire de l'aveuglement, attribut commun de toutes les passions; nous sommes forcés de reconnaître que les mots touchans, les attentions flatteuses, les prévenances honorables, enfin tous ces brillans et intarissables attraits que produit un bon cœur quand un esprit plein de feu lui sert d'interprète, venaient se joindre très-utilement aux ressources imposantes et plus essentielles de l'âme qui reçoivent le nom de vertu, pour former autour de Henri ce charme continuel, cette sorte d'auréole magique qui le suivait en tout temps, en tous lieux, et qui de ses rayons dissipait l'amertume, bannissait l'obstination, versait enfin avec l'oubli du passé l'amour du souverain et le respect de ses lois, germes féconds, gages infaillibles de concorde et de prospérité.

Après cet aperçu des grandes qualités qui constituaient le caractère de Henri, et qui étaient pour ce prince autant de moyens d'étouffer les fermens de discorde dont la France était infectée, il semble que l'exposé auquel nous nous sommes engagé soit fini. Cependant nous n'avons encore offert que des traits d'une application particulière. Si nous avons vu agir Henri, ce n'a été jusqu'à présent que dans des circonstances passagères ou à l'égard de quelques individus, et pour ainsi dire dans des luttes corps à corps. Il est bien vrai que les principes qui se manifestent dans le détail où nous venons d'entrer doivent faire préjuger en toute occasion les plus louables desseins et les plus heureuses entreprises de la part de Henri pour l'union et le bonheur de son peuple. Néanmoins, afin de connaître plus positivement la conduite de ce prince dans toutes les situations ayant quelque rapport au point que nous traitons, il nous paraît convenable de porter maintenant notre attention sur les actes de son règne qui ont dû plus essentiellement s'étendre à tout l'Etat, et frapper par des dispositions universelles tous les Français à-la-fois.

SECONDE PARTIE.

§ Ier.

Henri n'avait encore soumis qu'une partie de ses ennemis et respirait à peine des fatigues de la guerre au centre de ses Etats, lorsqu'il pensa à s'investir de cette force supérieure à toute autre, que donnent l'approbation et l'estime des peuples à l'autorité qui les gouverne. Trop généreux pour désirer une obéissance passive, trop éclairé pour ignorer que la puissance est d'autant moins réelle et durable qu'elle paraît plus absolue, Henri se garde bien d'envisager comme un obstacle pernicieux dans l'ordre politique, toute délibération étrangère à la personne du chef. Loin de tomber dans cette erreur des hommes peu réfléchis, et particulièrement commune, par suite de leurs habitudes violentes, à ceux qui passent du sein des camps au gouvernement civil, Henri n'oublie pas un seul instant que les lois tirent leur principal effet d'une soumission spontanée et prescrite à chaque individu par sa propre raison; que d'ailleurs des relations intimes entre les rois et les peuples, en devenant une source d'émulation réciproque pour le bien public, forment entre eux ces liens de respect et d'amour qui peuvent sans doute se relâcher quelquefois (est-il rien d'imperturbable parmi les hommes?), mais qu'on a vus presque toujours triompher du temps et du sort.

Ainsi justement prévenu contre les illusions d'un pouvoir sans bornes, et non moins jaloux d'imprimer à son règne le sceau d'une grandeur réelle et durable, Henri appelle son peuple à délibérer sur les lois que lui-même comme prince, entend se prescrire et faire observer pour relever l'Etat et le rendre florissant. Il mande donc de tous les points du royaume des députés de toutes les classes, dont il a l'honorable délicatesse de s'interdire l'élection ; et pour témoigner d'autant plus que dans les hommes appelés à des fonctions nationales, les lumières et l'amour du bien public sont les seules choses à considérer, il réunit ces députés sans aucune distinction d'ordre ni de condition et en forme une assemblée de notables ; la première de ce nom à laquelle on ait remis parmi nous le soin de statuer sur des objets d'un intérêt permanent et universel, et qu'on ait formée après une convocation étendue à tous les corps de l'Etat.

Mais se pourrait-il que nous nous arrêtions plus long-temps sur le sujet de cette assemblée, sans chercher à nous reproduire, autant que la pensée le permet, le moment où Henri en ouvrit les séances? Eh! que valent toutes nos réflexions auprès de l'impression que dûrent ressentir les Français présens à cette auguste solennité? Jusqu'alors témoins ou victimes des excès incroyables dont venaient d'être remplies trente années consécutives, ils portaient sans doute une âme flétrie, et leur esprit abattu ne savait plus compter sur l'avenir. Quelle dut être donc leur émotion lorsque, dans toute la sérénité d'une âme forte et juste, Henri, le front ceint des plus nobles lauriers, le regard brillant d'affection, leur adressa avec l'accent du cœur, ce discours mémorable :

« Si je faisais gloire de passer pour un ex-
» cellent orateur, j'aurais apporté ici plus de
» belles paroles que de bonne volonté ; mais
» mon ambition tend à quelque chose de plus
» haut que de parler ; j'aspire aux glorieux
» titres de libérateur et de restaurateur de
» la France.... Je ne vous ai point appelés
» comme faisaient mes prédécesseurs, pour
» vous faire approuver mes volontés ; je vous
» ai assemblés pour recevoir vos conseils,
» pour les croire, pour les suivre, bref pour
» me mettre en tutelle entre vos mains ; envie
» qui ne prend guère aux rois, aux barbes-
» grises, aux victorieux comme moi ; mais la
» violente amour que je porte à mes sujets
» me fait trouver tout aisé et honorable ».

Quelle simplicité de langage et quelle grandeur de pensée ! Henri dont tant d'obstacles surmontés ont déjà si bien attesté le puissant génie, n'aspire qu'à soulager et rétablir la France; c'est à cela que tendent tous ses vœux, et pour les accomplir il ne demande de ses sujets qu'une assistance dégagée de toute contrainte. Que dis-je? c'est lui-même qui s'offre à ses sujets, c'est lui qui vient se joindre à eux, et veut se livrer entièrement à leurs conseils. O trop généreux dévouement! ô désintéressement sublime! Henri, terminant une série incalculable de maux, va rendre les Français au bonheur, et comme s'il devait leur sacrifier jusqu'à sa propre gloire, il leur propose, il leur réserve tout le mérite de ce grand ouvrage. A un oubli de soi si touchant, si magnanime, et dont la véracité bien connue de Henri ne permettait en rien de suspecter la déclaration, quel Français se rappelant les grandes choses déjà opérées par la puissante sagesse de son Roi, et reconnaissant enfin le grand homme à qui tout est possible; quel Français assez malheureux n'aurait senti renaître au fond de son cœur le doux espoir du bonheur de sa patrie et le noble orgueil de contribuer à réparer ses désastres? Pouvait-il s'en trouver un seul qui, dès cet instant, irrésistiblement élevé par le sentiment de sa situation, fier de la confiance d'un si auguste prince, lui jurant amour pour amour, et embrassant avec transport l'image si long-temps inconnue d'une félicité certaine et glorieuse, ne se vouât tout entier à accomplir les intentions royales et si manifestement héroïques qu'il apprenait à connaître?

Mais quoi! en admettant que dans l'assemblée des notables formée par Henri, l'éclat des actions de ce prince, l'élévation touchante de ses desseins, l'attrait majestueux de sa personne et le charme de ses discours, ont vaincu toute résistance et rempli tous les cœurs d'un vrai désir de se conformer aux nobles impulsions de sa grande âme, ne sommes-nous point dupe de nos propres sentimens, et n'est-il pas à craindre qu'on nous accuse de méconnaître l'expérience si souvent contraire aux raisonnemens dont une morale pure est la seule base?

Certes, si pour justifier une mesure politique ou établir l'heureux résultat d'une action quelconque il nous fallait supposer, nous ne dirons pas une nation entière, mais seulement un nombre d'hommes tel que nous l'offrent les assemblées du genre de celle qui nous occupe; s'il nous fallait considérer une telle assemblée comme ne renfermant que des hommes également sensibles aux lois de la justice et aux nobles procédés d'un souverain généreux, également doués d'une conscience pure et se dirigeant invariablement par ses inspirations; hélas! hors d'état de nous confier à une telle supposition, plutôt que tout autre peut-être nous renoncerions à notre preuve, la jugeant illusoire et chimérique.

Eh! qui moins que nous doit être disposé à faire honneur aux temps modernes de cette espèce de prodige, dont l'auguste antiquité nous offre à peine quelque exemple? qui moins que nous doit croire, dans ces temps dégénérés, à une assemblée politique où il ne se trouve de lumières que pour la justice, de sentimens que pour la vertu? Oui, notre esprit repousse une telle idée, malheureux de ne pouvoir l'admettre. Fallait-il donc, pour nous défendre d'une illusion où nous aurions trouvé tant de charmes, que notre âge mît dans un si grand jour les vérités contraires; que, sous nos propres yeux, des assemblées formées pour assurer le salut de leur patrie, ne montrassent continuellement qu'un écueil préparé pour sa perte? Combien de fois le vil égoïsme y a régné sous le masque du désintéressement! Combien de fois l'ambition, sous l'apparence du zèle, y a prêché la révolte! Combien de fois l'éloquence profanée y est devenue l'indigne ministre de la séduction et du crime! O funestes assemblées! combien de fois votre existence cruellement tyrannique ou lâchement servile, a été pour nous dès notre raison naissante, un sujet de larmes amères!

Mais comme un arbre qui selon les saisons paraît chargé d'épines ou couvert de fleurs, ou présente, ce qui est son état le plus durable, un mélange de l'un et de l'autre sous lequel s'il ne garde pas tout son agrément, il ne perd rien du moins de son utilité; ainsi l'on peut dire que les assemblées appelées à délibérer sur les intérêts de leur nation, doivent produire selon les temps, ou des maux extrêmes ou un bien sans mesure, et le plus souvent un composé où le beau joint à l'utile efface avec avantage le peu de mal qui s'y trouve.

Lorsque, par une de ces funestes progressions auxquelles tout ce qui existe dans l'univers semble être assujetti, un État est parvenu à cette sorte de caducité où tous ses ressorts sont énervés, où l'autorité, réduite à un vain simulacre, réclame inutilement les secours essentiels à son existence, où la sévérité et l'indulgence mal dirigées n'ont produit que des sentimens d'indifférence ou des actes de rebellion; alors, sans doute, malheur au prince qui convoque une assemblée de la nation ! il dispose lui-même les élémens d'une tempête par laquelle il sera le premier submergé. Eh ! comment ne pas voir que réunir en faisceau les germes de ces redoutables dispositions qui infectent l'État, c'est redoubler l'activité de leur poison, centupler leur force, et en former un foyer de destruction, dont le temps seul pourra arrêter les horribles ravages ?

Si nous supposons au contraire un État bien constitué, dans lequel l'autorité possède cette juste proportion de force qui conserve sans détruire, et dont le peuple calme et laborieux jouisse en paix d'une condition également éloignée de l'excès de prospérité et des crises de détresse; alors que peut faire de mieux le prince chef de cet État que de mettre en usage les assemblées nationales ? Sa puissance personnelle en sera moins absolue ; mais combien elle en sera plus réelle et plus durable ! Fidèlement éclairé par les discussions de ces assemblées, le prince verra la vérité et sera prémuni autant contre les sourdes manœuvres de l'intrigue que contre les conseils perfides de la flatterie. Ses lois dont une discussion libre et générale aura éloigné toute prévention de précipitation ou d'arbitraire en même temps qu'elle leur aura donné d'avance l'appui de l'assentiment général, paraîtront comme des oracles saints : ce que l'épreuve qu'elles auront subie y aura mis de sagesse tournera à la gloire du prince; et s'il s'y trouve quelque disposition dure ou mal entendue, les plaintes n'en seront pas dirigées contre lui. Que peut-il donc résulter de là, si ce n'est le plus grand respect pour le prince et le Gouvernement le plus doux pour le peuple? Et pour l'État où l'on s'attachera fidèlement à suivre et maintenir un tel ordre de choses, est-il un terme que la prévoyance humaine puisse assigner à sa prospérité?

Mais entre ces deux extrémités où le sort des États peut parvenir, de force parfaite d'une part, et de faiblesse absolue de l'autre, est un milieu où il semble qu'ils soient destinés à passer les plus longs intervalles de leur existence. C'est à ce point qu'en était la France lorsque Henri assembla les notables. D'un côté, les finances dans l'épuisement, les impôts énormes, les cœurs profondément ulcérés en marquaient manifestement la ruine; de l'autre, ce repos de lassitude où conduisent à la longue les convulsions de la discorde et la gloire personnelle du souverain, la soutenaient et faisaient son espoir.

Dans cette situation, il n'était pas difficile

sans doute de former au sujet de l'assemblée de notables convoquée par Henri, ce parallèle d'inconvéniens et d'avantages, de craintes et d'espérances, qu'il est bien rare qu'on ne puisse rattacher à toute grande mesure politique ; mais sur lequel il n'appartient le plus souvent qu'à des hommes d'un esprit privilégié de prendre d'avance une juste détermination.

Ainsi les discussions et les formes inséparables des délibérations de toute grande assemblée, pouvaient faire craindre de la part des notables, une lenteur inconciliable avec la promptitude des remèdes que l'Etat requérait.

Il n'était pas moins à craindre ensuite que les meilleures intentions de la part de ces notables ne fussent trahies par l'inexpérience, le manque de lumières et la présomption, défauts communs au grand nombre des hommes touchant les matières de gouvernement public, principalement dans les États qui faute d'assemblée politique permanente où tous les citoyens puissent avoir à paraître, n'offrent aucun sujet d'émulation pour les études qui instruisent de ces graves matières.

Sans chercher à pénétrer les ressources que Henri en chef habile pouvait tirer des circonstances passagères dont tout grand dessein tel que celui de former une assemblée générale de notables, ne manque point d'être environné, et en nous attachant simplement aux réponses qui sortent du fond même des objections, et qui par ce motif peuvent recevoir quelque juste application dans tous les temps; nous opposerons à la lenteur présumée des opérations des notables, les dangers redoutables de la précipitation dans l'exercice du pouvoir qui forme les lois, ce qui nous amène à rappeler qu'il est de ces éclairs précieux de sagesse qui ne peuvent jaillir que d'une mûre et solennelle délibération.

A cette même difficulté nous opposerons, en second lieu, l'avantage inestimable d'une discussion dont les éclaircissemens étendus à tout l'État y fondent, sur tous les points, en faveur des lois qui surviennent, ce respect, cette soumission intime qui est leur garantie la plus solide, mais qui ne peut naître évidemment que de l'appréciation de leurs causes et de leurs effets.

A l'égard du défaut de sagacité des notables, s'il pouvait les porter à prendre des décisions qui ne fussent pas ordonnées le plus utilement possible pour le bien de l'État, on peut dire que ce n'était là qu'un mal apparent. Car n'est-il pas sensible que quelles que fussent ces décisions, les notables, et par eux, la nation qu'ils représentaient, ne pouvaient cesser d'y voir le fruit de leur volonté, et peut-être le gage de leur honneur? On devait donc généralement se prêter de bonne grâce à l'exécution de ces décisions, et s'étudier par une sorte d'amour-propre, à accomplir les espérances qu'on y avait attachées. Or, à quoi de telles dispositions dans un peuple ne peuvent-elles pas suppléer? et par quelles habiles spéculations pourrait-on se flatter d'arriver plus sûrement à quelque heureux résultat?

Mais ces sentimens ambitieux dont le germe destiné à élever les âmes, ne tourne trop souvent par une fausse culture, qu'à les rabaisser; et ces mouvemens, plus généralement impurs et condamnables, de crainte pusillanime, de cupidité et de vengeance, que les agitations politiques excitent et propagent; toutes les passions, en un mot, réunies, amoncelées et mises en jeu par leur concentration autorisée dans une assemblée de notables; que pouvaient-elles produire, si ce n'est l'essor impétueux de l'audace, le triomphe masqué des perfides, l'oppression juridique des faibles, enfin, le pire de tous les maux, un désordre légitimé?

Est-ce bien là un aperçu exact? Serait-il donc

impossible qu'une nation en corps trouvât assez de lumières et de sagesse pour assurer son existence, et dissiper ou du moins combattre utilement ces vices destructeurs dont les peuples sont assaillis, trop souvent par l'imprudence ou le crime de leurs chefs? Oui, sans doute. Cela est impossible chez toute nation qui, entraînée par une cruelle fatalité sous le joug du despotisme, en a souffert assez long-temps les rigueurs humiliantes et les caprices injurieux, pour ne plus nourrir aucune pensée de prévoyance générale, et avoir perdu tout sentiment de bien-être commun. Lorsque par les chaînes de l'esclavage, la raison mutilée peut à peine de ses rameaux couvrir l'individu; que chacun seul, isolé, ramène tout à soi, et craint encore de ne pouvoir suffire au soutien de sa triste existence; lorsque brisés par l'épreuve où le spectacle habituel des souffrances les moins méritées, les cœurs ne palpitent plus au sentiment du beau et du juste; lorsqu'enfin les esprits comprimés, ignorant les causes des misères qui les assiégent, ne peuvent s'épanouir à l'idée de les combattre, quel espoir serait-il permis de garder? Malheur, mille fois malheur pour quiconque, élevé sur les peuples, ne frémit pas à l'idée de les conduire vers l'état de servitude! C'est à ce terme qu'il ne faut attendre, de leur part, ni effort, ni conception. C'est à ce terme que la nature leur prescrit inutilement de rendre leurs sociétés le support commun des faiblesses, un allégement aux souffrances de tous. C'est là que, privés de la honte qui indigne, et de l'émulation qui enflamme, les peuples tombent, les yeux éteints, dans une atmosphère léthargique, que chaque jour, chaque instant accroît et renouvelle. Pour les en retirer, le temps même paraît impuissant; vivant dans le sein de la mort, ils traînent après eux les générations, et les générations destinées à les suivre au sortir du néant, s'y trouvent replongées. C'en est fait; pour ranimer ces masses froides et inertes que couvre la main meurtrière de l'esclavage, il faut un prodige.

Il ne faut au contraire que le cours naturel des choses pour faire concevoir et adopter généralement chez le peuple que les vicissitudes attachées à son sort n'ont point dépouillé de toute énergie, les moyens les plus propres à le conduire vers cette existence mêlée de repos et de dignité, où l'on peut croire que réside le vrai bonheur de toute nation ; quand un roi sage, prenant pour règle constante de sa conduite les affections essentielles à notre être, vient disposer ce peuple à n'obéir qu'aux impulsions qui en dérivent.

Si le sentiment profond de nos besoins donne naissance à un désir ardent de les satisfaire ; si sur ce double appui s'élève une idée de bonheur qui devient le motif et comme le pivot de toutes nos actions, par quelle témérité, accusant la Sagesse éternelle, oserait-on prétendre que ce vœu de nos cœurs soit destiné à demeurer stérile et ne doive jamais former qu'un sujet de désespoir ? N'existe-t-il pas en nous un discernement capable de réaliser ce vœu autant qu'il convient à notre nature ? Parcourez la terre, visitez les peuples, interrogez les hommes dans toutes les classes ; tous, pénétrés de leur faiblesse, vous montrent une vive impatience d'y suppléer ; mais tous vous manifestent en même temps ce sens intime dont il ne faut qu'un exercice libre et la plus simple application pour constituer les hommes en sociétés paisibles et heureuses. Où trouvez-vous, dites-moi, de l'indifférence pour l'oppression ? où trouvez-vous l'ingratitude honorée ? où trouvez-vous la propriété méconnue ? Oui, ne vous laissez pas abuser par des exemples d'une nature factice, et vous reconnaîtrez empreints dans le cœur de tous les hommes les vrais principes de leur sécurité sociale.

Et s'il se trouve quelques hommes dont le naturel étouffé sous les vices fougueux de l'imagination, ne repousse aucune sorte de crimes; de ces hommes qui étonnent par leur audace, subjuguent par leurs intrigues ou entraînent par les brillantes qualités de l'esprit que leur âme dégradée prostitue, ne nous demandez pas que peuvent alors ces principes amis des cœurs simples? Ils peuvent tout encore, car l'immense majorité libre de ces passions extrêmes qui dénaturent, veut toujours fermement se diriger par ces principes, et n'aspire qu'aux seuls biens qu'ils promettent.

Mais, pour détourner de ces principes essentiels, l'imposteur les invoque et se couvre de leur masque : l'homme le plus perdu ne prend-il pas, d'y paraître fidèle, un soin calculé sur l'éloignement même où il en est placé par ses passions?

Qu'est-ce à dire? si le fourbe veut paraître sincère; si le dilapidateur aspire à une réputation d'intégrité; si un tyrannique oppresseur ne peut se passer des titres d'homme juste et bienfaisant; tous ces auteurs de troubles et de désordres politiques ne vous montrent-ils pas d'eux-mêmes le frein qui doit les retenir, ou le fléau qui doit les châtier? Éclairez leur turpitude, signalez leur scélératesse; que la plus vive lumière répandue autour d'eux ne leur laisse aucun asile impénétrable aux regards du public, et fiez-vous ensuite, du soin de les contenir ou de la nécessité de les réprimer, au libre essor de ces inspirations intérieures et universelles, qui, dans l'intérêt de chacun, commandent le bien-être de tous.

Heureuse sauvegarde dont l'exercice parfait serait, pour un grand peuple, déjà vieilli dans la civilisation, un chef-d'œuvre de gouvernement! Mais demandons-nous si, par son assemblée de notables, Henri ne tendait pas à couvrir la France de ce puissant bouclier?

On ne peut nier que toute assemblée de ce genre ne soit éminemment propre à répandre la connaissance des matières qui lui sont soumises, ainsi qu'à découvrir les vues des personnes qui y sont réunies? En formant une assemblée de notables, Henri appelait donc à son aide cette puissance morale que produit un sentiment universel, une volonté générale, qu'on a nommée de nos jours opinion publique, et qu'on peut représenter comme une sorte de juge suprême, qui, libre et indépendant, se fonde sur de justes notions et entraîne tout vers ses fins par le blâme et l'éloge dont il dispose souverainement.

Et, comme l'autorité de Henri, écartant

toute influence funeste et usurpée, assurait aux délibérations des notables une liberté entière, s'il se trouvait parmi eux des hommes à mauvais desseins, en quoi étaient-ils à craindre ? Ce sentiment commun, cette volonté générale, ce jugement uniforme parce qu'il est chez tous également éclairé, l'opinion publique en un mot, ne devait-elle pas les saisir de toutes parts, les envelopper entièrement, et, pour les accabler, redoubler de vigueur à mesure de leur résistance, en cela semblable aux corps physiques dont un choc augmente la force et le ressort ?

Si ce ne fut point sans faire de telles ou de semblables réflexions que Henri se détermina à convoquer les notables, ne nous serait-il point permis d'ajouter que Henri envisagea aussi l'action insensible, mais bien réelle et très-importante, que ces sortes d'assemblées exercent sur les mœurs et les habitudes des nations?

Lorsqu'au milieu d'une nation, ses citoyens les plus recommandables se livrent publiquement à un examen attentif des affaires de l'Etat, le peuple, averti par ce grand exemple de l'application qu'on doit mettre à suivre les traces de la raison et de la justice, ne peut manquer d'en concevoir une manière de sentir qui l'éloigne de l'esprit d'arbitraire et de violence toujours si près de le dominer, et pourtant si contraire à tout ordre social.

En second lieu, les esprits, ramenés, par ces discussions solennelles, aux idées d'ordre public et de félicité nationale, se trouvent par cela même élevés ou fortifiés dans l'amour de leur Roi et de leur pays.

Ce n'est pas en effet chez des hommes qui n'ont à s'occuper que d'eux-mêmes, qui vivent dans l'ignorance des voies par lesquelles la société dont ils sont membres se soutient, déchoit ou prospère ; ce n'est pas chez de tels hommes que peut germer ce sentiment, attribut précieux du nom de patrie, source ineffable des plus belles actions dont l'histoire soit ornée, sentiment sublime, incomparable, par lequel l'âme agrandie se porte avec ardeur à des sacrifices où nulle autre impulsion ne saurait l'élever ; court avec un enthousiasme durable au-devant du chef que la nation reconnaît, et s'étend avec une affection jalouse sur tout ce qui coopère ou participe au bonheur de l'Etat.

Eh quoi ! l'amour de la patrie, ce produit inestimable d'une organisation politique perfectionnée, qui multiplie l'existence de chaque individu au point de l'identifier avec tout un peuple, serait-il fait pour des hommes à qui la connaissance des grands intérêts de leur nation demeure toujours interdite ? Mais ce n'est qu'aux objets dont l'esprit s'occupe que l'âme peut porter quelque affection ; et combien d'exemples nous attestent que pour quiconque vit sans cesse éloigné des affaires de l'Etat, l'Etat devient un être nul, indifférent, incapable d'obtenir le plus léger sacrifice de repos ou de fortune, que par les moyens toujours peu efficaces de la ruse ou de la violence !

Ce n'est pas tout : au milieu de nos immenses sociétés, que devient l'homme lui-même, par une entière ignorance des affaires publiques et un éloignement absolu des discussions qui s'y rapportent ? Il perd sous une lourde masse de réglemens l'énergie sauvage, mais précieuse à bien des égards, dont il aurait joui s'il eût vécu affranchi de tout lien social ; et rien ne l'en dédommage. Il ne court point applaudir à de grands talens courageusement déployés contre les vices qui menacent l'ordre établi ; il n'est jamais échauffé de la noble émulation qu'inspirent de généreux efforts pour fonder ou accroître le bonheur public : les regards de ses concitoyens réunis ne l'élèvent jamais à cet amour brûlant des choses louables, qui fait embrasser avec transport le mépris des plaisirs et l'oubli de la vie. Il a perdu l'ardeur de la nature sans connaître le feu de la gloire; et alors, pour le sauver d'une froide insensibilité, d'une existence stupide et apathique, que vous reste-t-il ? les frivoles inventions de la vanité ou les agitations convulsives qu'entraîne la soif des richesses. Mais quelles pauvres ressources! Le mal en est-il accru ou diminué ? Considérez que de tels motifs, ramenant sans cesse à lui-même celui qui en est animé, l'aliènent de plus en plus de ses pareils. Vous finirez donc par le voir tout concentré en lui-même, pouvant à peine soutenir une charité vague, une amitié de nom, un attachement fondé sur des besoins corporels. Il se formera un caractère à la mesure de sa vie étroite, resserrée ; et son âme, privée du puissant ressort de l'amour national, se traînera languissamment, étrangère aux personnes comme au pays.

La cause d'un aussi grand mal en indique le remède. Oui, que le peuple soit instruit des affaires de l'Etat et participe aux discussions qu'elles entraînent comme aux lois qui s'ensuivent, et l'avilissement où il tombe faute de s'exercer sur de tels points sera prévenu. Mais ce moyen, tout simple et facile qu'il paraît, n'est pas d'une pratique aisée. Ainsi que les meilleurs topiques, pour les maux du corps, ont besoin d'être disposés par une main habile; de même ce préservatif moral que la marche naturelle de l'esprit humain nous fait connaître, requiert pour son application les soins d'une sagesse consommée. Il faut, pour en retirer quelque succès, qu'un discernement profond l'adapte aux temps et aux lieux; que le souffle du génie l'approprie aux circonstances physiques et morales, perpétuelles ou d'accident.

De là une foule de modifications qui peuvent étendre ou restreindre l'intervention du peuple dans les délibérations politiques. Presque toujours ce droit s'exerce par députés et à des intervalles plus ou moins éloignés. On en usait ainsi en France de temps immémorial, lorsque le règne de Henri IV arriva. Mais la convocation des députés avait fini par y être entièrement à l'arbitraire du Roi, et l'on n'y connaissait d'ailleurs aucune règle fixe sur les attributions de ces députés, en sorte qu'on ne savait jamais dans quelles limites ils se tiendraient, et qu'on pouvait toujours craindre de leur part ou les abus du zèle ou les excès de la licence.

Dans cette crainte, ou par tout autre motif, les rois de France ne montraient guère de penchant pour ces sortes d'assemblées; ils ne les convoquaient que dans de grandes extrémités, et n'y paraissaient eux-mêmes que dans tout l'appareil du pouvoir, moins pour y ouvrir de justes délibérations que pour y forcer l'adoption de leurs desseins.

Henri fut animé de sentimens bien différens. Supérieur aux idées de son siècle, il n'ignora point combien le sceptre s'honore et se fortifie par l'appui raisonné que les sujets lui prêtent. Inaccessible aux suggestions d'une dangereuse vanité, il n'eut point la faiblesse d'affecter un pouvoir qui trouve tout en soi et prétend exclure toute limitation. Il sut apprécier l'ascendant que de longs malheurs et son mérite personnel lui donnaient sur la nation; et afin d'en retirer la plus grande gloire qu'un souverain puisse prétendre, il voulut en user pour former des hommes: des hommes capables de vertu et d'affections éclairées. Vainement de longues et sanglantes vicissitudes ont desséché les cœurs, appesanti le joug de l'avarice et rivé les chaînes de l'égoïsme, Henri ne désespère point des Français. Il fait retentir à leurs oreilles la voix de l'honneur, il étale à leurs yeux les maux de la France, il réveille dans leur cœur le sentiment d'une juste dignité; pour tout dire en un mot, il appelle solennellement la nation à raffermir, à consommer, par l'organe de ses notables, le salut commun, que sa valeur a si glorieusement préparé. Et lui dont les victoires sont le moindre mérite; lui dont le triomphe est fondé sur les bases inébranlables d'une sagesse équitable, d'une puissance protectrice et secourable, il se soumet, il se livre sans réserve aux délibérations futures de l'assemblée qu'il convoque. Français de tous les siècles ! à ce trait si rare de la fierté du pouvoir dominée par l'amour du bien public, reconnaissez avec attendrissement un prince auguste qui, vivant dans un autre âge, n'eût pas manqué de vous transmettre l'héritage précieux d'un état politique où, par un code équitable, les droits du trône et des sujets, clairement déterminés et solidement garantis, repoussent tout abus et perpétuent réciproquement leur force et leur vigueur. Oui, si les doctrines immortelles qui ont brillé pour nous, eussent paru au siècle de Henri, ce digne prince n'eût point appris en vain à les connaître. Les maximes politiques qu'elles nous font apprécier, et auxquelles une nation vive et volage a besoin plus que toute autre d'être soumise, eussent été sous ses auspices converties en loi fondamentale inviolable; et dès-lors, heureux Français ! vos âmes, livrées aux exercices salutaires d'une sage liberté, se fussent retrempées; devenus plus graves ou plus fermes et plus constans, vous n'auriez connu ni les fureurs de l'anarchie, ni les humiliations de la servitude. Le prince et la patrie n'eussent jamais cessé de s'applaudir de votre amour et de sourire à votre félicité. O Henri! la gloire de graver ces tables sacrées, et de les rendre impérissables en nous apprenant à faire de leur exacte observation une religieuse habitude, était réservée à l'un de tes plus sages successeurs. Mais combien de tristes essais devaient précéder ce grand œuvre de sa sagesse! et si de ton bras puissant tu l'eusses prévenu, de quels égaremens à jamais déplorables ce peuple qui fut toujours l'objet de tes affections eût été garanti! de combien de torts cruels et honteux, de quelle ingratitude horrible, quoique passagère et couverte d'un généreux oubli, il se fût préservé!

Disons cependant que pour avoir été d'un effet moins durable, le partage de Henri n'en fut pas moins glorieux, puisqu'il nous offre l'exemple, peut-être unique, d'un prince qui croit assez fermement à la vertu, pour ne point chercher d'autre appui à ses intérêts les plus chers. Car n'est-ce pas un tel exemple que Henri nous donne, lorsque, fort de sa conscience et content d'en avoir fait entendre le pur langage, il renonce à tout commandement, dépose en quelque sorte le sceptre, et, contre l'usage de ses prédécesseurs, remet aux notables tout le soin de former les lois que son cœur sollicite pour le salut du trône et de l'Etat? De nos jours les théories les plus favorables à l'autorité populaire blâmeraient une concession si étendue, en ce que le souverain, toujours envié, en paraît trop à la merci des passions. Mais dans cette imprudence apparente de Henri ne devons-nous pas, ayant égard aux circonstances, admirer une rare sagesse? Si les guerres et les dissensions intestines avaient exaspéré la nation, en épuisant sur elle tous les excès de l'ambition et tous les abus du pouvoir, le plus sûr moyen de lui faire chérir et respecter l'autorité royale dont Henri était nouvellement revêtu, n'était-ce pas de cacher et, pour ainsi dire, d'ensevelir cette autorité dans les égards et les ménagemens? Aussi apprenons-nous que, non-content de toutes les faveurs qu'il avait déjà marquées aux notables, Henri s'empressa de souscrire à celles mêmes de leurs décisions qu'il reconnaissait très-imparfaites. Son conseil en fut dans l'étonnement ; mais tel est le coup-d'œil et la marche du génie : il perce au loin de toutes parts, et là où le vulgaire aveugle n'ose s'engager, ou n'avance qu'à tâtons, il court et se rit des précautions ordinaires.

Vains amis des discours fastueux ! frivoles partisans d'une grandeur d'étiquette ! vous qui ne sauriez voir de dignité que dans les froides combinaisons de l'orgueil, et dont l'esprit, formé pour la tyrannie, ne peut concevoir d'autorité sans défiance ! à l'exemple de quelques contemporains de Henri, vous blâmerez l'abandon que ce prince fait de son pouvoir et de sa personne au milieu des notables; vous chercherez autour de lui quelque sauvegarde timidement concertée, et, loin d'admirer ces actions et ces paroles d'une simplicité sublime, votre raison pervertie ne pourra les comprendre. Mais du moins, que les effets vous ouvrent les yeux, et en considérant que le résultat de l'assemblée des notables combla les vœux de Henri, dites-nous si sa conduite au sujet de cette assemblée n'est pas le plus beau témoignage d'une âme élevée et d'un esprit profondément versé dans l'art de gouverner les hommes. Dites-nous d'où pouvait renaître plus sûrement l'amour du prince et de la patrie. Dites-nous enfin s'il était quelque voie plus propre à ramener la paix parmi les Français, à leur faire abjurer toute passion contraire au bien de l'Etat, tout sentiment de haine et de parti.

§. II.

Nous sommes forcés de reconnaître cependant que l'œuvre politique à laquelle nous venons de donner notre attention, ne pouvait atteindre qu'à peine ce sujet de division dont le siége s'établit tout entier au fond des cœurs, parce que la cause en est prise dans un ordre de choses surnaturel : sujet pieux, si faussement apprécié du temps de Henri, qu'il était la seule cause avouée dans une lutte opiniâtre où les Français se déchirant eux-mêmes, inondaient de leur propre sang le sol de leur patrie. Inconcevable délire de l'esprit humain, qui trouve dans une religion de paix, l'affreux prétexte des plus interminables débats et des plus sanglantes inhumanités ! Ah ! du moins sous le règne de Henri l'expérience du passé ne sera point perdue et les persécutions homicides cesseront. On ne le verra point, poussé d'un zèle imprudent, cruel et surtout injurieux à la Divinité à qui on le rapporte, chercher fougueusement à pénétrer dans les cœurs pour en arracher une croyance qui ne serait point la sienne. De longues réflexions sur lui-même lui ont appris qu'on ne persuade point par de tyranniques injonctions, et que dans les matières de la foi les défenses qui n'ont point une origine commune avec la doctrine adoptée, ne peuvent qu'attacher davantage aux points défendus. Il sait que le sentiment intime essentiellement libre et indépendant comme la pensée qui le produit, n'offre aucune prise à la force; que, s'il cède quelquefois à de douces insinuations, il se dérobe toujours aux poursuites que la rigueur accompagne et rend toute violence inutile, si ce n'est pour attester la plus cruelle tyrannie. Eh! que resterait-il à l'homme si la liberté de sa conscience pouvait lui être ravie? Mais quel serait aussi cet hommage religieux qui ne serait rendu qu'à la voix menaçante d'une autorité humaine? Pour quiconque pourrait s'assurer de lire dans les cœurs des démonstrations fausses ou forcées, ne seraient-elles pas une offense? Mortels orgueilleux! vos persécutions attestent bien plus votre impiété que votre foi, et les rigueurs dont votre zèle s'environne n'accusent que la dureté de votre âme.

A Dieu seul appartient de juger les consciences, et de dicter des lois de perfection.

La protection de chacun et la sécurité de tous, étant l'unique fondement des sociétés humaines, il ne saurait y être permis de troubler des affections qui ne passent point l'individu. Honneur sans doute aux êtres bénis dont la voix persuasive et les actions touchantes savent étendre l'empire de ces grandes et saintes institutions, qui, pour ennoblir notre existence et nous rendre vainqueurs de nous-mêmes, remplissent nos âmes de pensées et de vœux célestes ! Mais que dire de ces hommes qu'anime bien moins la conviction de notre faiblesse et le désir de nous en faire triompher, que la passion de répandre les sentimens qu'ils ont admis ? S'il appartient essentiellement aux sociétés humaines de réunir les caractères les plus divers, ceux-là aussi n'en seront point exclus : mais seront-ils jamais dignes d'y présider ?

Non; ce n'est pas à combattre et proscrire telle ou telle croyance religieuse qu'un prince doit s'étudier, mais à les contenir toutes dans les bornes qu'elles ne sauraient passer sans éloigner le corps social de ses fins essentielles. Comme chef de l'état, chose incontestable et pourtant si difficile, le prince doit savoir quelquefois se dépouiller des opinions auxquelles il est si louable de s'attacher invariablement comme simple particulier. S'il n'est capable de cet effort, d'autant plus utile en matière de religion qu'il est plus pénible, l'impartiale équité ne guidera point invariablement ses pas; ses décisions ne cesseront de paraître dures ou favorables ; il ne sera jamais ce souverain dont la protection puissante et universelle ne réveille l'idée d'une providence divine que pour jouir des mêmes respects.

Telles furent les pensées, telles furent les maximes de Henri. Jeté dès sa plus tendre jeunesse au milieu de mouvemens sanglans, dont une diversité de dogme était la cause ou le prétexte, il n'aspira qu'à se placer avec avantage au milieu des partis, pour en être le médiateur, et il sut y parvenir.

Alors il dicta cet édit fameux qui, par une sagesse au-dessus du siècle, ne respire, en traitant des diverses professions religieuses où tant de désastreuses fureurs avaient pris naissance, qu'une charité profonde, et l'amour le plus pur du bien de l'état. Tout ce qu'on y trouve de restriction à l'exercice des cultes est sensiblement indispensable pour garantir chaque religion des atteintes de la religion opposée. Par cet édit, sans que les catholiques perdent leur prépondérance, les réformés sortent d'oppression. Ils reprennent leur état civil et politique ; des magistratures sont créées pour eux spécialement. Enfin l'autorité royale n'y ménage pas de sa part les sacrifices pour ramener ces sujets qu'une politique faible ou cruelle avait trop long-temps aliénés.

Opposons maintenant cet acte remarquable de la prudence de Henri, aux fougueux emportemens des princes qui l'avaient précédé, et considérons leurs conséquences. Quel admirable contraste! l'indulgence succède aux proscriptions; les sentimens de la nature renaissent; l'humanité sèche ses larmes, et la prospérité publique rétablie, atteste par quel culte de paix et de douceur non interrompue le Ciel veut être honoré.

Si d'après la marche des passions humaines de tels changemens ne peuvent s'accomplir qu'avec lenteur, est-on moins en droit de les espérer, dès l'instant que la direction en est heureusement prise? Placé sur sa véritable route, le voyageur jetant les yeux dans le lointain, jouit déjà de la contrée où tendent ses vœux, quoiqu'un long intervalle l'en sépare. De même, parvenu au moment où Henri proclame son mémorable édit, je vois la tolérance, cette précieuse vertu que le sage des anciens puisait dans le sentiment des bornes étroites où l'esprit humain est resserré, et qu'une foi épurée trouve maintenant dans son premier principe de souffrir tout ce que Dieu permet suivant l'ordre de la nature ; je vois, dis-je, la Tolérance s'avancer et parvenir enfin jusqu'au vulgaire, toujours soumis à l'empire de l'habitude et de l'exemple. Je puis donc m'écrier : O ma patrie ! félicite-toi, l'édit de Henri étouffe l'une des causes les plus fécondes de tes malheurs, et t'en délivre à jamais.

D'où vient cependant qu'à ces mots, l'image funeste d'un cercle d'erreurs où la faible humanité roule sans cesse, vient s'offrir à nos yeux, et que le souvenir de la fragilité attachée aux œuvres des hommes se réveille dans notre pensée ? Ce glorieux monument élevé par la sagesse de Henri pour servir de barrière au zèle religieux que l'excès entraîne dans le crime, doit-il aussi tomber et périr ?... A peine son illustre architecte aura cessé de vivre que le monument sera négligé. Un jour des mains égarées l'attaqueront, le renverseront, et de ses ruines, comme la fable le raconte de la boîte fatale, l'on verra s'échapper des maux infinis. O malheureuse France ! quelle cruelle épreuve !....

Mais laissons ces tristes époques que les temps présens ne rappellent en aucune manière, et auxquelles nous ne saurions toucher sans sortir des bornes que nous nous sommes prescrites. L'ordre que nous avons adopté d'examiner les faits selon leur progression successive, offre maintenant à nos réflexions un sujet bien différent. C'est le bienfait le plus signalé de Henri envers son peuple; celui par lequel relevant et faisant refleurir, entre la France et les États voisins, l'olivier de la paix, il assurait le succès de tous les autres, et mettait le comble à sa gloire.

§ III.

S'il est un point par où les hommes puissent s'enorgueillir de leur nature, c'est sans doute d'être doués de perfectibilité. D'autres êtres possèdent aussi bien qu'eux, et quelques-uns beaucoup mieux qu'eux, la faculté de pourvoir à leur subsistance; mais il n'en est point dont les facultés s'étendent au-delà de l'individu, et accroissent les avantages de celui qui lui succède. On en chercherait vainement dont l'espèce ne présente, à toutes les époques, la même stupidité ou le même degré d'intelligence instinctive, et à peine en trouve-t-on dont la prévoyance s'étende aux temps les plus prochains.

L'homme seul, combinant les besoins périodiques qu'il éprouve avec les sensations diverses qui le frappent, s'occupe du présent sans perdre le souvenir du passé, et en plongeant ses regards dans l'avenir. Ses réflexions connues et rectifiées des contemporains, transmises et augmentées par les générations, lui font une existence nouvelle. Ce n'est plus un être chétif, uniquement occupé des soins physiques, communs à tout ce qui a vie. C'est un être grand par sa puissance, plus grand par ses vertus, dont l'esprit, franchissant l'espace, entre en commerce avec le Ciel.

Pourquoi donc cette marche rétrograde et ces abîmes où tant de nations englouties ont vu périr jusqu'à leur nom, dans lesquels sont allées se perdre, peut-être pour jamais, et les plus étonnantes découvertes de l'esprit, et les plus belles productions du génie? C'est nous-mêmes qui creusons ces tombeaux : c'est ce travers fatal de notre esprit, qui, trompant l'objet essentiel de toute société, semble ne réunir les hommes que pour leur inspirer le désir de la destruction. Quelle contradiction non moins horrible qu'inconcevable ! ce que chacun condamne, ce que chacun abhorre ne coûte plus le moindre scrupule, dès l'instant qu'on le pratique en masse. Est-ce donc parce que les résultats en sont alors incomparablement plus désastreux ?

Si l'on nous disait qu'en certain pays d'un autre univers les peuples ont à peine, selon leur impulsion naturelle, tenté un généreux essor, que tournant tout-à-coup leurs plus heureuses facultés contre eux-mêmes, ils se travaillent et se fatiguent pour se rejeter dans cet état primitif où la raison n'ayant reçu aucun développement, l'homme ne peut se distinguer des autres animaux, et se trouve réduit à disputer avec eux une nourriture précaire ; si l'on nous annonçait des peuples si insensés, sans doute notre pitié s'empresserait à demander leur nom. Eh ! nous est-il donc permis de l'ignorer ? Pensez-y ; et si à chaque page de notre propre histoire vous voyez le fer et le feu employés sous toutes les formes à seconder une ardeur de ravage qui, sur les prétextes les plus grossièrement colorés, s'étend à tout et n'épargne rien ; si vous y voyez applaudir sans cesse et appliquer souvent une industrie toute fière de pouvoir renverser en un jour des monumens à peine élevés par un siècle d'efforts ; si vous y voyez enfin, des transports calculés, venant à des intervalles à peine sensibles, disperser, anéantir dans des flots de sang tous les plus chers objets d'une douce existence ; de bonne foi dites-nous si c'est moins de délire ou moins de cruauté, et s'il ne suffit pas de continuer ainsi pour arriver enfin, à travers toutes les extrémités de la misère, au point de la plus profonde barbarie.

Parmi les causes diverses qui produisent cette rage de destruction, je vois principalement un préjugé dont il ne serait peut-être pas impossible de se guérir.

Aux premiers âges du monde, où l'homme étonné de tout, parce qu'il ne pouvait se rendre raison de rien, tombait dans un respect religieux devant toute force qu'il jugeait prééminente, l'admiration s'attacha à toute entreprise guerrière, et quelque bizarre ou criminel qu'en fût l'objet, l'imagination en exalta le succès.

Il n'en fallut pas davantage pour multiplier les insultes, les ravages, les combats, chacun voulut s'y essayer, afin de recueillir sa part de louanges. A toute force la raison perça, et l'illusion aurait disparu; mais l'habitude contraria l'expérience, et d'ailleurs la violence orgueilleuse commanda les mêmes hommages à la faiblesse soumise, qui les rendit.

Ainsi, une puérile vanité fit son partage des voies sanglantes de la guerre : le beau mobile, certes, et les belles conséquences ! Mais des prodiges suivraient inutilement; car enfin, où est le mérite, là où ne se trouve aucun dessein qu'on puisse avouer?

Cependant combien de héros élevés jusqu'aux nues n'ont su donner à leur grandeur aucun fondement plus solide? Et combien n'eussent jamais souillé la terre de leurs prétendus beaux exploits, si l'expérience les avait bien avertis qu'on les verrait, qu'on les représenterait sans cesse tels qu'ils sont, faux, pitoyables, cruels, et tout au moins dignes d'infamie.

Mettant à part l'odieux du moyen, dites-moi, que trouvez-vous de si admirable dans ces entreprises auxquelles rien ne saurait garantir d'avance l'issue désirée? Qu'y a-t-il de si merveilleux à ces grandes tentatives, que le plus petit accident peut tourner en succès pour le chef le moins capable, et en revers pour le général le plus habile? Si celui dont l'orgueil se fonde sur de pareils titres veut un moment être sincère, il vous dira qu'il lui a toujours fallu, pour rester vainqueur, le secours de quelques événemens imprévus, et souvent des circonstances toutes différentes de celles qu'il avait cru prévoir. Pourquoi donc régler son estime sur des triomphes si faiblement appuyés? est-il une mesure plus incertaine de l'intelligence et de la puissance réelle des hommes ?

Qu'y a-t-il ensuite de plus digne de pitié ? Eh quoi ! peut-on ainsi renoncer à toute idée de justice, et dédaigner la voix de la raison, qui s'offre à nous élever presque à l'égal de la Divinité, pour ne faire que se traîner, ramper honteusement dans le seul objet d'emprunter l'instinct féroce des brutes, et tout au plus d'y ajouter une masse hideuse de vices que les brutes ne connaissent pas ? Oh ! si l'on veut que j'admire des traits de force tyrannique, des actes de violence furibonde, des ruses subtiles, toutes choses dont se composent nos pratiques guerrières les plus vantées ; qu'on me raconte les mœurs du lion, du tigre, du renard, du moins je les verrai agissant selon leur nature, ne prenant conseil que de leur propre instinct, n'oubliant rien d'ailleurs de ce qui peut les conduire à leur but, et négligeant avec un admirable discernement tout ce qui les en éloigne. Voilà les vrais modèles : les hommes n'en seront jamais que de pâles copies...... Je me trompe, ils les surpasseront en un point : leur férocité sera plus désastreuse, parce qu'elle s'étendra jusque sur les choses inanimées; elle sera plus cruelle, parce qu'elle suivra le déréglement de l'imagination qui lui donne naissance; elle sera plus odieuse, parce qu'elle les mettra en contradiction avec eux-mêmes.

Où va ce jeune furieux qui entraîne après lui toute sa nation ? Que d'espace il a déjà parcouru! C'est un torrent; rien ne lui résiste : enfin, le voilà bien persuadé qu'il est un Dieu. Mais qu'il avance encore; un infâme pirate l'attend au fond de l'Asie, pour lui apprendre que, sauf quelque différence dans le nombre de la troupe, il n'est que son égal.

Que ce mot, d'une vérité frappante, soit le texte constant de tous ceux dont les paroles peuvent être de quelque poids; qu'ils ne cessent de nous montrer ces chefs indignes qu'une folle impatience de renommée a poussés à la guerre, tels que nous sommes en droit de les voir. Des hommes qui peuvent bien se sauver du dernier supplice, mais par l'énormité et la multitude même de leurs crimes; des hommes qui, sans le renversement fortuit de l'ordre social, auraient justement vieilli dans une abjecte obscurité; des hommes, enfin, la honte de leur espèce, joignant à tous les vices dont elle peut être ternie, l'étrange petitesse de se croire d'une plus haute nature, parce qu'ils s'attribuent sans pudeur des succès auxquels leurs efforts ont presque toujours le moins contribué. Car, encore une fois, est-il beaucoup de ces chocs cruels et sanglans qu'on appelle avec une admiration stupide grandes batailles? en est-il beaucoup où le sort aveugle n'ait tout produit, en disposant d'une multitude de malheureux ignorés? Démasquez-nous donc ces soi-disant héros; et nous les montrant tels qu'ils sont, qu'ils paraissent les derniers des hommes. Ainsi puisse un jugement équitable, transmis et répété par toutes les bouches, ouvrir les yeux à quiconque séduit par le faux éclat dont ces fléaux du monde s'environnent, serait tenté du désir de leur ressembler !

Et ne craignez point d'affaiblir, par de telles instructions, le courage, noble indice d'un caractère généreux, et puissante colonne des états. Un tel courage ne se sépare point du sentiment de la justice et de la pratique des vertus sociales. Pour repousser d'injustes attaques il sait aussi voler aux armes. Mais c'est toujours à une défense juste, naturelle, indispensable, de soi ou d'autrui, que se borne son ardeur martiale. Hors de là le calme est son essence, et la jouissance des douceurs de la paix est son vœu le plus cher. Qu'un furieux répande la terreur autour de son repaire, ou, chef éphémère d'un peuple opprimé, qu'il aille, traînant sur ses pas la désolation, chercher sa honte ainsi que sa perte au bout du monde; le vrai courage, éloignant toute alarme, se distinguera dans les conditions privées par un commerce de bons offices; et sur le trône il ne connaîtra ni envahissement ni conquête, si ce n'est pour frémir aux idées de néant et de chaos que ces mots réveillent. Tel qu'il ne me sera point reproché de le trouver en vous, ô Henri! puisque le cours entier de votre vie ne m'a offert aucune action contraire, le vrai courage, profondément sensible aux droits de l'humanité et voué au bonheur des nations, ne s'appliquera qu'à les préserver de toute atteinte; et s'il arrive que ce devoir sacré requière l'emploi de la force, si par événement il prescrit de sanglans combats, alors, changé en valeur indomptable, le vrai courage, digne encore de notre estime et de nos éloges, sera sans doute également digne de gloire.

Ainsi évitons en haine d'un abus de tomber dans un autre, et pour ne pas sacrifier à une crainte d'ailleurs fondée l'ordre naturel de nos affections, concluons que les actions guerrières doivent être généralement proscrites; mais pour celles où le vrai courage s'est déployé, pour celles que le cri de la nature a provoquées, celles enfin qu'on n'a tentées visiblement que pour donner une sanction utile aux lois de l'éternelle justice ; que celles-là, heureuses ou malheureuses, obtiennent une honorable exception.

Vous donc qui vous chargez de consacrer le souvenir des actions des hommes, poëtes, orateurs, historiens, si vous vous plaisez à animer vos tableaux du fracas de la guerre, du moins qu'un sage discernement dirige votre pinceau; que ses premiers traits nous fassent voir l'homme juste, l'homme de bien ; que le guerrier combattant vaillamment pour sa patrie injustement attaquée vienne ensuite ; et alors ministres de la gloire, décernez, s'il le faut, de modestes couronnes. Mais gardez-vous bien de nous taire, et plus encore de nous déguiser les motifs des expéditions guerrières que vous célébrez. Songez qu'en un pareil sujet tout le mérite est dans la cause, et craignez d'intéresser l'imagination quand la raison doit être indignée. Ne vous bornez pas même à dérouler les causes. Prononcez en même temps le jugement qui doit s'ensuivre, et pour prévenir plus sûrement toute trompeuse illusion, ne mentionnez jamais ces misérables dont la folle ambition épuise les larmes de l'humanité, qu'en versant sur eux des flots de réprobation, qu'en vouant leur nom à l'opprobre et au mépris.

Que si, peintre imposteur, homme sans foi, votre plume, amie du prestige par le portrait fardé du fils de Philippe et le tableau renversé de ses crimes, nous prépare des Charles XII, ou autres plus horribles imitateurs; ah! puissent tous les maux qu'enfante le noir délire que vous provoquez, retomber sur vous-même! ou, du moins, ne trouvant que la honte là où vous cherchez la célébrité, puisse l'indigne production de votre esprit, odieux témoignage d'insuffisance et de perfidie, n'exister un moment que pour se charger d'un sceau d'exécration, et périr sous vos propres yeux, accablée à jamais du plus profond oubli!

Pour vous, écrivains illustres, dont les talens empreints d'une céleste douceur sont en accord parfait avec les règnes calmes et pacifiques; vous, qu'une juste indignation éloigne avec horreur de ces hommes farouches et sanguinaires, qui ne respirent que mort et combats; vous, pour qui les brusques vicissitudes de la fortune ne sont point dans vos veilles des sujets de prédilection; vous, enfin, dont le génie dédaigne ce mince intérêt de surprise que la foule va chercher dans les événemens où la prudence et la raison sont confondues : hommes divins ! disposez vos crayons, réunissez vos plus brillantes couleurs. Le vainqueur d'Arques, le vainqueur d'Ivri dépose les armes. Que la gloire le reçoive à jamais dans ses bras. Voici l'excuse, voici le prix de ses victoires. Plus d'orage, la France va se couvrir de fleurs : Henri ferme le temple de Janus.

A peine Henri a terrassé le monstre de la guerre civile, qu'il se présente aux ennemis étrangers et les glace d'effroi : les poursuivra-t-il à outrance? le ressentiment des maux qu'ils lui ont causés; la séduction d'un succès certain; les instances et les offres que deux puissans alliés ne cessent de lui faire : tout semble l'y engager. Mais tout cède dans son cœur au désir d'épargner de nouveaux périls à ses sujets, et son esprit solide ne met point en balance la vaine gloire de poursuivre un ennemi qui n'est plus à craindre avec l'avantage de hâter le rétablissement des forces épuisées de l'état en conservant au peuple cette partie de sa substance, qu'une guerre, quelque heureusement qu'elle soit conduite, ne manque jamais de lui enlever. A ces raisons, venait se joindre dans l'esprit de Henri une observation morale digne encore de remarque. Il n'avait pas échappé à sa pénétration que la vue continuelle des dangers, les privations où conduit l'impossibilité de rien prévoir, les dissipations qu'entraîne une abondance fortuite et mal assurée ; enfin tous les maux que versent l'oubli des lois et le règne de la force, en pesant longuement sur un grand nombre de Français, leur avaient formé une sorte de rudesse sauvage, un esprit de turbulence et d'inquiétude, d'avarice et d'oisiveté dont les conséquences dangereuses, qu'il était urgent de prévenir, ne pouvaient l'être que par un prompt retour à cette vie paisible qui par le sentiment d'une pleine sécurité donne le goût des exercices assidus de l'esprit et des travaux journaliers des arts. Pour dernier motif, Henri s'apercevait que les empiétemens de tout genre auxquels les grands du royaume s'étaient livrés, à la faveur des troubles de l'État, autant au préjudice du peuple qu'au détriment des prérogatives royales, réclamaient instamment toute sa sollicitude. Ainsi satisfait d'avoir éloigné les soldats de cette cour étrangère, qui, alors abusant de sa force, avait osé jeter un œil d'envie sur le trône de France et en méditer l'usurpation, et qui depuis, terrible preuve des phases périodiques des États et de la nécessité pour les princes de s'attacher exclusivement aux lois de la justice qui ne varient point! n'a vu que par un dévouement inouï de tous ses sujets, arracher sa propre couronne à l'infâme rapacité d'un chef sorti des plus déchirantes convulsions de la France, pour en prolonger, en accroître les maux, ébranler dans nos cœurs jusqu'à l'espoir, enfin heureusement raffermi malgré l'épuisement total où ce chef indigne nous a précipités par sa chute : Henri, disons-nous, ainsi satisfait, n'hésite plus à souscrire le célèbre traité de Vervins, qui lui assure l'intégrité du royaume et rétablit la paix de l'Europe.

Dès ce moment, livré tout entier à l'administration de ses Etats, Henri en soutient ou en régénère toutes les parties par de sages réglemens : les finances sont redressées. Les dilapidations sont prévenues ou punies. Les impôts sont allégés. Les dettes de l'État sont acquittées. Le magistrat est ramené à ses devoirs. Chaque profession est encouragée; les arts favorisés renaissent; le commerce protégé se ranime. Enfin l'homme de bien est honoré; le prince en écoute, en recherche le véridique langage. Ainsi tout change, tout s'améliore, tout marche vers ce point de prospérité que Henri a si bien désigné d'avance par le mot si connu de son esprit naïf.

Que celui donc qui possède l'art de pénétrer les causes morales et d'en déduire les conséquences, s'il est doué en même temps du talent précieux qui peut verser dans les âmes l'amour de ces graves sujets, et le désir d'en faciliter les bienfaisantes applications, s'attache à nous dépeindre l'heureuse progression que nous venons d'indiquer; qu'il nous montre la paix ramenant le peuple à l'agriculture et aux arts, le goût du travail provenant d'un travail justement fructueux, et produisant à son tour par une abondance bien acquise, le respect bien senti des propriétés. Dès-lors pourra-t-il nous dire, point d'ambition déplacée, point de bassesse. On s'estime, on se respecte, parce qu'on peut se suffire. On veut ce qui est, et l'on redoute tout changement parce qu'on sent que de l'ordre établi dépend le bien-être dont on jouit. On aime, on respecte son prince; on ne voit qu'avec joie ce sage pilote qui veille et agit pour tous. Enfin, calme, satisfait, laborieux, le peuple connaît les bonnes mœurs, les bonnes mœurs capables de suppléer à tout ; les bonnes mœurs dont le moindre avantage est d'embellir et prolonger la vie. Que reste-t-il à souhaiter? toutes les sources du bonheur sont ouvertes; et comme le prince qui prépare un tel sort à son peuple est le seul digne d'en être aimé, il est aussi le seul dans le vrai chemin de la gloire; il est de tous les princes le seul digne de l'hommage des siècles. Heureux mortels pour qui le soin de nous faire apprécier le don inestimable de la paix que la France reçut de Henri, ainsi que tous les autres bienfaits de ce prince envers son peuple, n'est point une tâche au-dessus de vos forces, voilà les lignes tracées, que votre main remplisse le cadre.

Pour nous, répondant maintenant d'un mot à l'objet de ce Discours, nous dirons, dès le jour que Henri eut rappelé aux Français les pensées, les sentimens, les douces jouissances que nous avons voulu dépeindre, quelle trace de discorde pouvait-il rester parmi eux? quelle place aurait pu conserver dans leurs cœurs le ressentiment des maux causés par leurs funestes divisions?

Vous vous récriez! Erreur, me dites-vous : la durée des troubles et des malheurs avait été longue, et le temps doit concourir pour effacer les impressions qu'il a concouru à former. Eh bien! reste que Henri a mis en œuvre tous les moyens qui combattent des impressions si malheureusement prises. Il verra donc les années achever et produire son triomphe. Il verra! qu'ai-je dit?.... O Henri! celui de tes descendans, dont le sceptre a paru dans des jours trop conformes, sur bien des points, à ceux où ta bonté, ta prudence, ton courage t'acquirent le nom de Grand à si juste titre, sera sans doute plus heureux que toi-même. Le Ciel, favorable à des princes si sagement appliqués aux sublimes devoirs de leur condition, ne refusera pas deux fois de leur en faire oublier les peines cruelles en réalisant sous leurs yeux tout l'espoir attaché à leurs constans efforts : en leur montrant l'amour du souverain, le calme et la concorde réunis enfin pour élever la France au faîte du bonheur.

FIN.

www.ingramcontent.com/pod-product-compliance
Lightning Source LLC
LaVergne TN
LVHW050604090426
835512LV00008B/1344